La belleza es verdad y la verdad belleza.
Es todo lo que necesitas saber en la tierra.

John Keats

Senté
a la belleza
para injuriarla,
pero ebria y sorda se ha dormido
en mis rodillas.

Tomás Salvador González

© Carmen Morán, 2025

Dirección editorial:	Héctor Escobar
Director de la colección:	Gustavo Martín Garzo
Fotografía de cubierta:	José Ramón Vega
Diseño de la colección:	Miguel Riera
Maquetación:	Alberto R. Torices

ISBN: 979-13-87753-05-4
Dep. Legal: Le. 159-2025
Impreso en España — Printed in Spain

Carmen Morán

La belleza de las fiestas

De la belleza (28)

Carmen Morán

La belleza de las fiestas

EOLAS EDICIONES

*A César y Darío, que ponen en mi
vida el desorden y el orden necesarios.*

ÍNDICE

EL ALMA DE LA FIESTA

Es difícil, diría que imposible, que alguien lea estas líneas sin haber asistido a alguna fiesta. Probablemente, a poco que se esfuerce, le vendrán a la memoria unas cuantas. Y eso sin que hayamos establecido previamente a qué llamamos fiesta. En realidad no es sencillo acotar la noción, pues se trata más bien de una constelación de conceptos, que comprende desde la ceremonia religiosa al banquete, lindando (pero la frontera es a menudo sumamente difusa) con el espectáculo, la orgía, el desfile, el festín, la verbena, el festival, la francachela, la *kermesse*, el guateque, la feria, la celebración íntima, la comunitaria, etcétera. Cada uno de estos términos es sinónimo inexacto del término *fiesta*; todos ellos participan en alguna medida de su sentido, ninguno de ellos lo agota por completo o de forma exclusiva.

Hace ya décadas que se admite la existencia de cultura en el reino animal, y sabemos que muchas especies de animales juegan, pero sería más difícil defender que celebren algo remotamente comparable a una fiesta. Dicho de otro modo: el ser humano es aquel animal que celebra fiestas. Busca un motivo (una excusa más bien), acota un espacio, establece unas reglas que determinan la etiqueta y el desarrollo de la celebración. En las fiestas se revela nuestra naturaleza humana, consistente precisamente en someter a una tensión, sin anularla, la faceta animal de nuestra identidad: trajes, máscaras, bailes y gestos son formas de afirmar que estamos un paso más allá —o más acá— de nuestros antepasados más primitivos.

Niños y bestias no quieren fiestas, nos dice el refranero, y como siempre, no le falta razón: aunque a los niños se les reciba en la comunidad con una fiesta (sea el bautizo o cualquier otra, análoga), y aunque los cumpleaños y finales de curso infantiles se celebren (a veces convertidos en grandes fastos más pensados para satisfacer a los padres que a los propios niños), lo cierto es que la alteración del orden normal que implica toda fiesta requiere de una profunda asimilación de ese mismo orden, algo que no está al alcance de los pequeños, ni tampoco de los animales. Por otra parte, inmersos como están en un presente profundo y permanente, ¿para qué habrían de querer fiestas las bestias o los niños? ¿no sería una innecesaria redundancia? En cambio, a los adultos, cómo nos gusta suspender nuestra normalidad, disfrazarnos (sobre todo, si la fiesta *no* es de disfraces), ponernos nuestros antifaces de gato y *jugar*, es decir, *interpretar* —porque la fiesta siempre tiene algo de mascarada teatral.

Pero si es verdad que las fiestas nos afirman como humanos, no es menos cierto que nos acercan a los dioses. Porque en el trance de la fiesta somos, o creemos ser, siquiera efímeramente, más jóvenes, más bellos, brevemente inmortales, igual que dioses jugando a ser humanos (disfrazados, metamorfoseados, en pastorcillos o en animales). Con todo, nunca falta el rasgo revelador: la pluma que nos falta en el sombrero, la falla trágica que nos devuelve a nuestra condición mortal. Puede ser alguien que se indispone mientras suena la música, alguien que sangra por la nariz, que llora —lo *demasiado humano*.

Lo divino también está presente en el sentido de que la fiesta es hermana del rito (y de nuevo, rito, teatro y juego vienen de la mano desde los albores). En la Antigüedad, los sacrificios de pollos, terneros, cerdos, no eran actos de muerte sin más: les seguía un banquete religioso y festivo (ni siquiera tiene mucho sentido expresarlo así, ya que la *pietas* comprende, sin solución de continuidad, lo uno y lo otro). No otra cosa era hasta ayer mismo la matanza del cerdo, fiesta y sacrificio de un tótem al que se mima durante todo el año porque será sacrificado para garantizar la subsistencia de la comunidad en los fríos y estériles meses del invierno. Y lo mismo cabría señalar de las fiestas de la cosecha. Esta proximidad entre la fiesta y el ritual no nos cuesta encontrarla en los vistosos cultos paganos («el paganismo es una religión de fiestas», afirma Paul Veyne), pero pensemos que también las eucaristías se *celebran*. El rito repite siempre un gesto sagrado, y la misa (como las hecatombes helénicas) es la repetición de un sacrificio acompañado de un festín convivial reducido a su expresión más esquemática. Tras el Concilio Vaticano II ese espíritu de alegría festiva trató de recuperarse mediante la música e incluso el baile (esas interminables misas con jotas castellanas), recordando que también el Rey David y toda la casa de Israel danzaban y tocaban arpas, panderos, flautas y címbalos ante el arca de la alianza. Jesús celebró con una última cena su despedida, y estableció que el gesto se repitiese («haced esto en conmemoración mía»). Es como poco llamativo que su primer milagro —el milagro con el que se manifiesta como Mesías— tuviese lugar precisamente en una fiesta: unas bodas celebradas en Caná de Galilea, a la que asiste con su madre y sus discípulos (*Jn* 2, 1-11). La escena, de puro realista y sencilla, resulta emocionante: cómo no sentir, con la Virgen, algo a medio camino entre la compasión y la vergüenza ajena por esos pobrecillos novios que se han quedado cortos de vino, y cómo no sonreír ante su reacción empática, de madre que interviene, casi alcahueteando, para que su hijo, reacio en un principio, mesías aún de incógnito, les solucione la embarazosa papeleta. Es, con seguridad, el milagro más nimio de Jesús, el más intrascendente, tal vez el más humano y tierno.

Volver el agua en vino. Eso es, en cierto modo, toda fiesta: convertir el agua insípida y necesaria de cada día en un vino opulento, embriagador, excepcional, superfluo. Por eso, un festejo sin vino —o cualquier otro alcohol, aunque me gusta pensar que el vino es metonimia de todos ellos— no termina de serlo: se queda —la lengua es maravillosa— como *pasado por agua*. Un aguachirle. La fiesta es una interrupción del orden cotidiano de la vida; es, por lo tanto, enajenación, de ahí que el vino resulte, más que un refrigerio, una poción (de *potere*, beber), trago de magia que nos saca temporalmente de nosotros mismos, que convoca nuestro genio interior bueno o malo (se tiene buen o mal vino, como se tiene buen o mal beber). En la celebración, que es *convite* (de *con-vidar*, es decir, *con-vivir*), el vino forma parte del ritual: es, y no solo en la misa, comunión. Nos asemeja a los dioses, porque nos ilumina (nos *achispa*), proporcionándonos una lucidez más genial que la de la razón sobria —el «puntillo», o más poéticamente, el «don de la ebriedad» de Claudio Rodríguez.

Las fiestas suelen celebrarse de noche, pero con toda clase de luces, velas, focos, bolas de espejos y fuegos artificiales. Del mismo modo, se persigue la iluminación interior, y en ocasiones el medio no es solamente el alcohol, sino las drogas. Es importante que, en el contexto de la fiesta, despojemos de connotaciones moralistas y legales la palabra. Tampoco es que la ruta del *bakalao* o los cuartos de baño en los que algunos se empolvan la nariz sean una invención de nuestros días, solo la enésima reencarnación de algo muy viejo y, hasta en sus formulaciones más vulgares, residualmente santo. *Nihil novum sub sole*: las plantas de los dioses, como las llamó Hoffmann (que algo sabía sobre el tema), siempre y en todas latitudes han servido para abrir «las puertas de la percepción» (Blake), para comunicarnos con los dioses —de nuevo lo divino—, para ponernos en «trance», al son de los tambores o la música *trance* de las *raves*, no tan distintas de las fiestas de invocación al sol —de San Juan a San Antón, del Samhain celta a las fiestas chamánicas del Nuevo Mundo, donde la luz venía con el «semen del sol» (literalmente, con su semilla), es decir, la virola o *epená*. Los iniciados de los misterios eleusinos ingerían una papilla llamada *kykeon* o ciceón —según parece, aunque es difícil saber nada con certeza, precisamente a causa del carácter mistérico de este culto, que exigía el secreto de sus seguidores. Los estudiosos piensan que el ingrediente principal del ciceón podía ser el cornezuelo de centeno, un hongo parásito de varios cereales y no solo del que le da nombre. Muchos años más tarde, en 1938, Albert Hofmann obtuvo a partir de él la dietilamida de ácido lisérgico o LSD. ¿Y a qué divinidades se rendía culto en aquellos misterios de Eleusis? Deméter y Dionisos. El cereal y la vid. El pan y el vino. Celebrar que somos seres humanos sedentarios, «hombres que comen pan», como nos llamó Homero, y que beben el fruto fermentado de la uva. Que abandonaron hace tiempo la vida nómada, aún un poco cercana de la vida de los animales, para abrazar lo que ya de manera irremisible es para nosotros la civilización (ser ciudadanos, seres radicados en un lugar concreto).

La fiesta es la sagrada ruptura del orden que conduce de vuelta a ese mismo orden. Sirve para tomar aire, enloquecer dentro de un tiempo y un espacio acotados (por eso hay *días* de fiesta y *salas* de fiestas). Gracias a ello, la normalidad puede reinstaurarse y perdurar sin que una excesiva presión la resquebraje. La fiesta es el respiradero. El exceso se permite en la fiesta, siempre dentro de un orden, el orden *invertido*, pero bien circunscrito a un tiempo, un lugar y unas normas: el carnaval se celebra de un modo, San Juan de otro, la vigilia del día de los muertos o Halloween (todo es lo mismo y todo es santo) no se celebra igual que un cumpleaños o una boda.

Naturalmente, esta simiente de «controlado descontrol» siempre le ha interesado al poder, no solo religioso, sino también secular. Los notables romanos debían hacer partícipe a la ciudad de sus festejos y banquetes para demostrar su poder, su pujanza y liberalidad, como atestigua el mosaico de Smirat, en Túnez, donde el rico Magerio es ensalzado como benefactor. Sabemos, también, que Nerón multiplicó los juegos y espectáculos para el pueblo y para su propio disfrute, participando en ellos como cantante auriga, y se entregó a banquetes y actos lujuriosos con concubinas y sirvientes, siempre según los cotilleos, tal vez algo mendaces, de Suetonio. Y en la España del Siglo de Oro el teatro —concebido como una gran fiesta que incluía una obra principal, pero también bailes y otras atracciones— sirvió de instrumento de afirmación de la monarquía. Los festejos reales contaban con los mejores escenógrafos, que preparaban complicados y efímeros decorados (ambientes, los llamaríamos hoy). Incluso los festines de los poderosos tenían público en aquella España teatralizada donde la opulencia de los vestidos, adornos y viandas era un espectáculo más. ¿Ha dejado de serlo alguna vez? Los censores que en la primerísima posguerra —los años del *hambre*— prohibieron que la prensa publicase noticias sobre banquetes sabían lo que hacían. Hoy día, Instagram o Pinterest nos permiten ver fotos de las fiestas de los otros, y compartir las nuestras; en las redes sociales la imagen ya no es el testimonio, sino el espectáculo mismo; en consecuencia, no se trata únicamente de fotografiar festejos para recordarlos, sino, sobre todo, de la posibilidad de convertir cualquier cosa, bien elegido el ángulo y el filtro, en parte del enorme festival de las redes. La belleza es frecuente, como diría Borges. Frecuente y un poco banal, como esos adolescentes nihilistas y psicopáticos de Bret Easton Ellis, que al final de la fiesta se aburren en torno a sus piscinas violáceas en medio de la seca California, mientras alguien les saca polaroids y «ninguno de nosotros posaba, porque ya estábamos posando» (según escribe en *Los destrozos*).

¿QUÉ me pongo? Cualquiera que haya asistido a una fiesta, por pequeña o informal que fuese, se habrá hecho esta pregunta. No es ninguna tontería, porque la vestimenta de los asistentes es una parte tan fundamental, tan constitutiva de la celebración, como puedan serlo las demás. En tanto que espectáculo, la indumentaria resulta imprescindible para los actores; la suspensión del orden habitual exige ropas diferenciadas, que nos transformen externamente en otros (del interior se encargarán el vino, las drogas o el arrebato espontáneo del momento). Además, a menudo los ropajes se diferencian también entre sí, señalando el papel y posición de cada uno de los oficiantes. En el desfile habrá uniformes, insignias, bandas, entorchados;

en las cenas de gala, traje largo, esmoquin, chaqué o frac; en la fiesta taurina, caireles, alamares, corbatín, chorreras. Algunas fiestas son muy precisas y rigurosas en este aspecto, y hasta los colores de las prendas y complementos tienen un significado que solo puede parecer irrelevante al que se niegue a entrar en el juego de la representación teatral que de hecho es toda fiesta. Quienes visten el traje académico en las celebraciones universitarias españolas no podrán elegir a su antojo la forma y el color del birrete o la muceta, porque este indica la categoría académica a la que pertenece el portador, así como la facultad a la que se adscribe (oro, si es Medicina, celeste para Filosofía y Letras, encarnado Derecho, etcétera). Quien haya decidido formar parte de una cofradía sabrá bien cómo debe presentarse cuando pretenda procesionar. Porque la indumentaria constituye un código, como bien se trasluce de la fórmula inglesa *dress code*, equivalente al español *etiqueta* —galicismo ya hace tiempo incorporado y muy elocuente, por cuanto nos hace reparar en que nuestra apariencia funciona como un rótulo que explica visualmente cuál es nuestro papel en la función. Por supuesto, las transgresiones son tan constantes como cándidas: los novios o novias que aparecen con una indumentaria pensada para dejar atónito a su público solo lograrán su objetivo en la medida en que ese público comparta con ellos las expectativas traicionadas. Por lo que a las bodas temáticas respecta (de *El señor de los anillos*, *Juego de tronos* o *Star Wars*), el código es incluso más importante que en las más tradicionales. Todas las fiestas son, en el fondo, fiestas de disfraces. Hasta la desnudez o la semidesnudez de las fiestas de la espuma son, aunque no lo parezcan, una etiqueta, un código que debe respetarse. Hay una célebre fotografía de Oriol Maspons, tomada en la discoteca *Amnesia*, en Ibiza, hacia finales de los 70. Capta la danza desenfrenada de una joven italiana ataviada solo con un sujetador que apenas le cubre el pecho y un liguero suelto prendido a la cintura. Lleva también un collar y pendientes. Se trata de una moderna bacante entregada a un éxtasis que, para los no iniciados, es también un *misterio*. No sabemos si el brillo un poco salvaje de sus ojos y su sonrisa exagerada responden solo al clímax de la música y la danza o también a alguna ayuda química, como la que tomaban sus precedentes: vino, hojas de hiedra o el ciceón de los misterios eleusinos.

El disfraz es la coartada para ser otros sin dejar de ser nosotros. Con frecuencia, ese ser otros significa ser animales: la máscara hace aflorar la bestia que todos llevamos dentro, protegidos por la máscara podemos, en el fragor del festejo, hacer el animal, hacer el loco, como cabras (como machos cabríos en los festejos de Dioniso de los que nace la tragedia). Suetonio de nuevo es quien nos cuenta que Nerón se vestía con pieles de fieras para, así disfrazado, saltar desde una altura sobre los órganos sexuales de jóvenes a los que mantenían atados a postes. Fiesta —orgiástica— y disfraz son una alianza frecuente, porque la suspensión del orden normal nos impele a transformarnos en otros que, según a menudo se repite, encarnan alguna faceta de nuestra identidad. Nos disfrazamos de lo que somos para perder las formas, y recobrarlas cuando el animal ya ha saciado su sed y regresa al interior, amansado temporalmente —hasta la próxima. Esto, que es genuinamente cierto para las mascaradas populares (de los carochos de Riofrío de Aliste a los *mamuthones* y *merdules* del carnaval sardo), subsiste de manera residual y decadente en las exclusivas veladas. Pienso en el baile que los Rothschild organizaron en 1971 para conmemorar el centenario del nacimiento de Proust en su castillo de Ferrières, o en la célebre «Fiesta de las cabezas surrealistas», que los mismos celebraron la noche del 12 de diciembre de 1972 y que convocó los tocados más estrafalarios que se puedan imaginar, así como una escenografía siniestra en la que no faltaban maniquíes y muñecos mutilados o utilizados como bandejas para la cena.

HAY fiestas únicas, o al menos con vocación de serlo; sin embargo, lo cierto es que toda fiesta lleva implícita la idea de ciclo, porque representa un paréntesis que llega a su fin para que vuelva la normalidad, y se reinicie el periodo que habrá de culminar con otra fiesta. El sol muere en el solsticio de invierno y vencen la oscuridad y el frío pero ese mismo día comienza a gestarse la victoria que culminará en la otra gran noche del año, el solsticio de verano (reciclados por el cristianismo en Navidad y San Juan). Los *inklings* (el círculo de escolares ligados a Oxford al que pertenecieron los escritores J. R. R. Tolkien y C. S. Lewis y el especialista en Esquilo Gilbert Murray, entre otros) se interesaron por esta cuestión y su permanencia bajo las formulaciones paganas y cristianas. En *El león, la bruja y el armario*, de Lewis, el dios solar Aslan (encarnado en un león de melena dorada, isomorfo del sol) muere en la mesa sacrificial cuando la Reina de las nieves, con su ejército de lobos, vence; sin embargo, tranquiliza a sus desconsolados amigos porque él sabe bien que todo se repetirá, y que revivirá de nuevo con la llegada de la primavera. Las fiestas lo celebran pero también lo propician: son ritos que garantizan que la rueda —el ciclo— sigue girando.

Y es que no siempre puede ser fiesta, como no siempre puede ser domingo. La fiesta solo tiene sentido por comparación y contraste con los días que no lo son; el descanso y la celebración adquieren su significado cuando rompen periódicamente la sucesión de días de trabajo, ordinarios, de los cuales se diferencian y contra los cuales se definen. Nadie lo expresó tan bien —ni con tanto cinismo— como el Príncipe Hal cuando afirma que el sol se dosifica para que valoremos más su presencia en el calendario predominantemente nuboso (pensemos que nos habla desde Inglaterra): «Yet herein will I imitate the sun, / who doth permit the base contagious clouds / to smother up his beauty from the world, / that, when he please again to be himself, / being wanter, he may be more wondered at / by breaking through the foul and ugly mists / of vapors that did seem to strangle him.» («Imito en esto al sol, quien permite también que, contagiosas, las nubes le hurten su belleza al mundo, y que cuando se le antoja ser nuevamente él mismo, a voluntad, puede resplandecer a través de la bruma y las feas nieblas de vapor que parecían ocultarle»). Antes de pronunciar estas palabras, Hal ha pasado —en compañía del viejo sátiro Falstaff— por las camas más bajas y las fiestas más desenfrenadas de Londres, mientras su padre se retorcía las manos por no tener un digno sucesor. Pero con este discurso nos hace ver que lo ha hecho cumpliendo un meditado plan curricular, y que lo que creíamos festejo y desenfreno era en realidad la rutina formativa de un príncipe que se sabe destinado a ser el mejor rey de Inglaterra. El exceso es una forma de garantizar el orden.

Exceso. Frenesí. Y sin embargo, lo primero que es la fiesta es descanso. Se celebra el (buen) fin de la labor. En un libro reciente titulado *Feria* Ana Iris Simón reconstruye su historia familiar, una historia de feriantes, y se pregunta qué sentido tienen las ferias (las de las tómbolas y los caballitos) en un mundo en el que el ocio se ha hecho mucho menos excepcional, y los productos extraordinarios, cotidianos. Un indicio de esto mismo es el hecho de que antes las fiestas se organizasen o tuviesen lugar puntualmente y hoy se haya extendido la expresión «salir de fiesta» para aludir a cualquier noche de jueves a domingo. Pero volvamos a la feria. Ese es el título del libro de Ana Iris Simón, y es una palabra sumamente interesante. La feria ¿es fiesta o es trabajo? La ambigüedad del término transparenta la relatividad del hecho: la feria es trabajo para los feriantes. En portugués, los días de trabajo, de lunes a viernes, son *segunda-feira, terça-feira, quarta-feira, quinta-feira* y *sexta-feira.* Pero los días feriados son los días festivos. Los de descanso, cuando solo trabajan los de la feria. Para descansar, y eventualmente *desfasar*, antes hay que ganárselo con el esfuerzo, que en latín es *studium.*

Para Pieper, nada menos festivo, paradójicamente, que la fiesta cortesana del barroco, producto del tedio de una vida sin trabajo en el que el tiempo fluye idéntico día a día, sin partición entre esfuerzo y descanso. Es curioso que las célebres fiestas de Warhol y sus *superstars* se celebrasen en el *estudio* del artista, llamativamente bautizado The Factory (la *fábrica*). Y Studio 54 mantuvo en su nombre la función que el local había desempeñado anteriormente (unos estudios de radio de la CBS). Pero *studium* significa esfuerzo, trabajo. Y ciertamente mucha gente trabajaba en Studio 54. La fiesta de unos siempre es el trabajo de otros.

En la costa oeste de Canadá y Estados Unidos, los pueblos indios celebran regularmente el *potlatch*, término chinook que da nombre a un grandioso festín en el que los miembros de las tribus se intercambian valiosos regalos que compiten entre sí como demostración de opulencia y prestigio. En el *potlatch* se consume, en un breve periodo de tiempo, lo que trabajosamente se ha ahorrado durante muchas jornadas. Los antropólogos lo explican como una forma de regular la producción de bienes. El comercio y la vida moderna han terminado con el *potlatch* como base de la economía, pero el espíritu al que responde no es muy distinto del que alienta un festejo popular como la tomatina de Buñol, donde el excedente se consume en una apoteosis que es simultáneamente celebración y destrucción. Cuando se agota el éxtasis, el ciclo da comienzo de nuevo, lento, laborioso, hasta el año siguiente. Locura y orden. Locura para soportar el orden. En febrerillo el loco el carnaval nos anima a caer en el pecado de la carne en sus dos sentidos, antes de que la cuaresma venga a meternos en cintura. Al despilfarro, el desparrame, le sigue la compostura. Y a la laboriosa, larga compostura, el eléctrico y breve desparrame.

Hemos citado arriba el carnaval. De nuestras fiestas, es la que mejor muestra el elemento agonal, de lucha, que puede contener toda celebración. Es la batalla entre Don Carnal y Doña Cuaresma, como la imaginó Juan Ruiz, el Arcipreste de Hita. Don Carnal acude con su ejército de «gallinas e perdices, conejos e capones»; doña Cuaresma se arma de sardinas, truchas y arenques y besugos venidos de Bermeo. La del Medievo es una cultura particularmente agonal donde la controversia y la lid entre huestes forman parte de un código aceptado. Cuando la edad épica de la nobleza guerrera da paso a una nobleza ociosa (que en nuestras letras encarna perfectamente Calisto), la guerra se convierte en juego: justas, torneos, juego de cañas. Los aztecas imaginaban la vida como una fiesta y una lucha, dos caras de la misma moneda, la batalla de flores que conduce a la Casa del Sol. Y la fiesta taurina es una lid de sangre, confrontación ritualizada entre el animal y el hombre.

Cuáles son, podemos preguntarnos, los límites entre la fiesta y el espectáculo. Una y otro no son excluyentes. Claro que en el segundo hay una división entre los actores y los espectadores. Por ejemplo, en el caso que hemos citado hace unas líneas, son actores el toro, el torero, los banderilleros, el picador, los monosabios; hasta los músicos de la orquesta lo son. Pero los espectadores también desempeñan un papel performativo en el festejo, aunque este consista más que nada en contemplar. En el complejo espectáculo que era la fiesta barroca, partícipe de lo teatral, lo religioso, de la música, el baile, la danza, los espectadores son actores también —cómo podrían no serlo en ese gran teatro del mundo que es el barroco. Otro tanto sucede con los desfiles, desde las procesiones (fiestas de la solemnidad o de la exaltación) a las paradas militares, el desfile del orgullo gay o el de Acción de Gracias de Macy's. Es muy probable que los participantes devotos de cada una de estas manifestaciones públicas de carácter festivo reconozcan los ritos, convenciones y motivaciones de su fiesta, y sean reacios a admitirlos en las demás. *No es lo mismo*, dirán. Basta alejar un poco la mirada para que lo común se imponga sobre las coloridas diferencias. En todos ellos —y en la ceremonia de coronación de Carlomagno, en la de Napoleón, en las tomas de posesiones y las inauguraciones de los papados— cada asistente debe ocupar su lugar y cumplir su papel. El que inicia la conga. El que propone el brindis. Fiesta y orden, una vez más, aunque ahora no tanto fiesta *versus* orden cuanto el orden de la fiesta. Es necesario hasta en las orgías, como recuerda el chiste: un poco de organización, por favor. (Nada más ordenado que una fiesta de casino del siglo XIX, donde incluso los bailes se comprometían y anotaban en los carnets destinados a tal fin).

34

LA fiesta es también pertenencia. En ella *estamos* los que *somos*, y así lo indica —como ya dijimos— la indumentaria: el faldón blanco que cada vez menos llevan los niños en el bautizo, pero también la pulserita-pase de los festivales de música, el sello de tinta que franquea la entrada a la discoteca. Estos dos últimos ejemplos son la expresión reducida a mínimos, ya que la pertenencia que confirman se compra sencillamente por dinero —el de la entrada. Otras veces la cosa es más compleja. Desde las hermandades universitarias americanas a las celebraciones para iniciados, es necesario un gesto, un distintivo o una palabra que confirme nuestra pertenencia al grupo (en *Eyes Wide Shut*, la contraseña que permite el acceso a la orgía ritual es *Fidelio*). Sin olvidar que las fiestas de los pueblos en las que solo se admitía a los mozos forasteros a condición de que pagasen el bollo (de lo contrario, terminaban a remojo en el pilón).

Se celebran las inauguraciones y las clausuras, las efemérides (cumpleaños, conmemoraciones, aniversarios), y especialmente cualquier acontecimiento en la vida humana —individual y colectiva— que implique un cambio de estado, un «paso»: con el bautizo, citado arriba, los cristianos dan la bienvenida a un nuevo miembro a su comunidad. Los turcos celebran la circuncisión de los niños. En los países hispanoamericanos, las fiestas de quinceañeras o fiestas de quince años despiden la infancia de las niñas que cruzan el umbral de la juventud. La revista *Hola* todavía publica reportajes sobre las puestas de largo de las jóvenes de familias aristocráticas —la más famosa de todas ellas es el célebre Baile de Debutantes de París. Nos quedan lejos. En España no tenemos una fiesta señalada que escinda la adolescencia y la primera juventud. A lo mejor por eso nos parecen tan fascinantes los bailes de promoción de las películas americanas. El vestido de escote corazón, el *corsage* floral en la muñeca, el esmoquin alquilado y la limousine forman parte de un rito de paso mediante el que los jóvenes vástagos entran en una sociedad que en adelante les exigirá cada vez más como a adultos (aunque las fiestas universitarias permitan ocasionalmente revivir la dulce niñez). Dice David Cronemberg que los estadounidenses han mitificado en la ficción su periodo de la enseñanza secundaria porque es la última etapa en la

36

que el inminente ciudadano de los Estados Unidos de América es verdaderamente libre. La noche en la que se despiden de las taquillas debe ser, por tanto, memorable. En nuestro imaginario persisten la Fiesta del Encanto bajo el Mar de *Regreso al futuro*, y los añosos adolescentes de *Grease* (y por encima de todos ellos la pérfida Cha Cha DiGregorio, que dejó atrás los *sweet sixteen* hace bastante y se proclama reina de la pista de baile expulsando de un caderazo a la pavisosa Sandy), sin olvidar el reverso tenebroso de estos ejemplos, *Carrie*. Pero la más conmovedora de las fiestas de fin de curso la escribió Jeffrey Eugenides y la rodó Sofía Coppola en *Las vírgenes suicidas*. Cuando por fin la ultra religiosa madre de las hermanas Lisbon permite a la mayor, Lux, asistir, a nadie le extraña que lo haga del brazo de Trip Fontaine, porque quién sino el chico más guapo del instituto podría acompañarla. Ni que al final de la noche los dos sean coronados rey y reina del baile bajo la bola de espejos. Lo que ocurrió entre ambos tras la fiesta solo lo confesará Trip muchos años después, mientras se desintoxica del caballo en un rancho. Lux y él se acostaron en el campo de fútbol, bajo las estrellas. Luego él se marchó. Seguro que en las largas noches de abstinencia sigue arrepintiéndose de haber dejado a Lux allí dormida, y se acuerda de que sus besos sabían a licor de melocotón. Y algunas veces, tal vez, ese recuerdo le distraiga las ganas de meterse un pico.

También el paso último tiene su rito: su fiesta. Aunque los funerales y homenajes póstumos tengan un lado indudablemente triste, no por ello dejan de ser una celebración. Confirman un cambio de estado, el definitivo —polvo al polvo. Al difunto se le acompaña hasta el umbral que habrá de cruzar solo. Nos resistimos a separarnos de nuestros semejantes, claro, pero también necesitamos confirmar que seguimos —aún— de este lado de la frontera. Y que una vez cruzada esta no hay marcha atrás. «Hoy comamos y bebamos, y cantemos y holguemos, que mañana ayunaremos», dejó escrito en una de sus canciones Juan del Enzina. En los velorios y funerales, pese a que la tristeza inclina a la moderación, comemos, y bebemos, y hasta cantamos, despidiendo al difunto que ayuna ya para siempre. Procedemos así con la intención de honrarle pero también la secreta determinación de conjurarle para que no regrese, por más que añore el sabor de los alimentos vivos (más allá de esta vida, todo sabe a ceniza: lo averiguó Perséfone al probar aquellos tres granos de granada del Hades, lo sabe el pobre Capitán Barbossa de *Piratas del Caribe*, que de buena gana cambiaría su inmortalidad de maldito por volver a saborear una manzana). Es paradójico (pero también lógico y comprensible) que la renuncia a la vida temporal de uno se acompañe de un despliegue de las vanidades de este mundo: ahora que el difunto ya no es ni más ni menos que cualquier otro muerto, se le rinden honores, más suntuosos cuanto mayor fuese el reconocimiento alcanzado en vida. Delacroix pinta a Sardanápalo tomando la determinación de suicidarse al saber que Nínive va a ser tomada. El lecho de púrpura está rodeado de concubinas, caballos y perros, sacrificados también para acompañarle. En vano. En la tragedia de Sófocles Antígona es condenada a muerte por trasgredir la prohibición del rey Creonte y dar sepultura a su hermano Polinices con el ritual —la fiesta— que merecen los muertos. A los héroes se les despedía con juegos fúnebres: los de Patroclo serán el modelo de los que Alejandro Magno organice en honor de su querido Hefestión. El mismo Alejandro será despedido con unos funerales de estado tan grandiosos como sus hazañas. Era por su cuna rey de Macedonia, había sido coronado faraón en Egipto, y vencido a los persas en Gaugamela. Se lo llevaron de este mundo unas fiebres, posiblemente la malaria. (Hoy, si tecleamos en Google «funerales de Alejandro», los resultados de páginas divulgativas se alternan con los de webs de aseguradoras y funerarias: perdurar también es eso, supongo). El dramaturgo Juan Pérez de Montalbán, contemporáneo y amigo de Lope de Vega, cuenta en su *Fama póstuma* que al morir el Fénix de los ingenios la grandeza del cortejo fúnebre y afluencia de público fue tal que una mujer exclamó «Sin duda este entierro es de Lope, pues es tan bueno». La expresión «ser de Lope» significaba, por antonomasia, ser muy notable; lo que no podía saber aquella dama es que, en efecto, el entierro que tanto la asombraba, *era de Lope*. La equivalencia actual y sobredimensionada serían los funerales de Elvis, Diana de Gales o Michael Jackson —o aquella fiesta en honor a Frank Sinatra que se celebró en un mítico dúplex de Torre Madrid al morir el Viejo Ojos Azules.

Fuego y agua son elementos frecuentes en los festejos de cualquier especie. El primero aparece en las fiestas populares con hogueras que «llaman» al sol (las de San Juan, principalmente, pero no solo: también hay fogatas en San Antón, San Sebastián o San Esteban y en Nepal e India, en la fiesta del Holi). La luz del fuego permite a los asistentes entregarse al juego, el baile y la diversión durante la noche, ilumina los cuerpos y los rostros proporcionándoles también las favorecedoras sombras. La edad moderna sustituye el fuego natural por luces estroboscópicas o láseres, pero la idea de iluminar parcialmente la noche y propiciar que lo que se revela también se vele permanece. Otro tanto sucede con el agua. Las romerías hasta fuentes milagrosas, las aguas lustrales destinadas a purificar o bautizar, se ven recicladas en piscinas con forma de riñón o de diseño *infinity* —lanzarse a ellas vestido es la transgresión convertida en tópico. De la misma manera que la fiesta es el caos primigenio reinvocado bajo control, el fuego y el agua en ella se someten a una medida y una forma. (La fiesta con piscina más memorable es la de *El guateque*, cuyo título original es, de hecho, *The party*. No se trata únicamente de una colección de gags humorísticos para lucimiento de Peter Sellers, como pudiera parecer. Hay una fina melancolía en los protagonistas, el torpe Hrundi V. Bakshi y la aspirante a *starlette* Michéle Monet. Su manera de no encajar del todo en la alocada y cínica vida de los ricos le da a la película un precioso *algo más*).

Hay fiestas que terminan mal: el banquete de boda de Piritoo e Hipodamía, por ejemplo, acabó como una batalla campal entre centauros y lapitas: los primeros, borrachos, no pudieron reprimir su mitad animal. Tampoco tuvo un final feliz el festejo que los troyanos organizaron para celebrar aquel monumental caballo de madera que había aparecido misteriosamente a las puertas de la ciudad, y que creyeron un regalo de Atenea. La inauguración del palacio y jardines de Vaux-Le-Vicomte significó la caída en desgracia de su promotor y dueño, Nicolás Fouquet. Y esa fiesta flotante que fue durante cuatro días el Titanic quedó anegada por las heladas aguas del océano

Atlántico, a cuatrocientas millas náuticas de las costas de Terranova. La fiesta, si de verdad lo es, roza siempre el exceso, y el exceso atrae la desgracia (Fouquet lo supo, tras la desmesura inaugural de Vaux, y fue una lección amarga: pasó en la cárcel el resto de su vida). En el jardín-laberinto de *Saltburn* (2023) el amanecer sorprende a Felix Catton muerto sobre la hierba, con las alas de su disfraz aún puestas, Ícaro derribado a la sombra del Minotauro. El breve vuelo de inmortalidad que alcanzamos los seres humanos mientras el *daimon* de la fiesta nos posee no puede hacernos olvidar que somos materia humana, como nos recuerda (escatológicamente) *La grande bouffe* (1973): el goce corporal es también nuestra servidumbre.

El mito nos lega el nombre de Tántalo, célebre por su suplicio: pasar la eternidad en un arroyo de agua fresca, a la sombra de las ramas cargadas de fruto de toda clase de árboles. Cada vez que, sediento, trataba de beber, el agua, bajando su nivel, se apartaba de sus labios; si intentaba alcanzar los ricos higos, peras y manzanas, las ramas se elevaban, impidiéndoselo. Los motivos por los que fue así castigado, sin embargo, son menos conocidos. Tántalo fue invitado a un banquete olímpico. No solo compartió mesa y mantel con los dioses, sino que fue testigo de sus conversaciones más relajadas, que luego divulgó. Para Píndaro el pecado de Tántalo habría sido otro: robar un poco de néctar y ambrosía del Olimpo para entregárselos a los hombres. Tántalo sería, por tanto, uno de esos héroes civilizadores, y en ese sentido está hermanado con Prometeo, que roba el fuego y también se lo entrega a los hombres. Ambos arrebatan un privilegio divino para compartirlo con el género humano. Hacen, pues, a los mortales semejantes en algo a los dioses: en el dominio del fuego, en la prerrogativa del banquete y su sobremesa. Fuego y banquete nos hacen lo que somos, diferenciándonos de los animales. A los dioses no les hizo felices que así fuera, y Tántalo quedó para siempre privado de probar bocado o saciar su sed —y, sobre todo, de volver a ser comensal en compañía de nadie.

Aun hay una tercera explicación, más truculenta, al castigo de Tántalo. Según Ovidio, fue él quien ofreció un banquete a los dioses, y les sirvió, cocinado, a su propio hijo, Pélope. Unos dicen que lo hizo porque no tenía suficiente carne. La piedad mal entendida conduce a la exageración. O tal vez actuó así para probar la clarividencia divina. O porque pretendía ser tan civilizado como para honrar a los dioses con banquetes, pero aún no había dejado de ser un animal salvaje capaz de devorar a sus crías (algo que, por cierto, también los dioses habían tenido que dejar atrás). Sea como fuere, nadie probó aquel plato de carne —nadie salvo Deméter, que, ensimismada a causa del rapto de su hija, royó distraídamente una tajada, sin darse cuenta de que era el hombro de un muchacho. Los dioses devolvieron la vida al pobre Pélope recomponiendo sus fragmentos, y para suplir el trocito que Deméter se comió le pusieron un hombro de marfil. Pausanias cuenta que la reliquia elefantina se veneraba en Élide. Ninguna fuente nos revela cómo le supo a Deméter el hombro de Pélope.

Lo que el mito parece enseñarnos en todas sus versiones es que conversación, buena bebida y suculentos manjares son privilegio de dioses que los seres humanos hemos aprendido a copiar, y que al hacerlo damos un paso irreversible, del mundo de las bestias al de los cubiertos y los manteles. Y que no debemos morder los hombros de los chicos, por suculentos que parezcan.

ME vienen a la memoria dos videoclips musicales en los que vemos cómo el paroxismo de la fiesta va seguido de la sombra ominosa de la muerte. La ligereza pop subraya ese lado ominoso. El primero lo dirigió en 2003 el cineasta sueco Jonas Åkerlund para una canción de Robbie Williams, «Come undone». Es puro espíritu 2K, con suelos cubiertos de ropa interior de Calvin Klein, cuerpos inertes y cristales rotos, como un ensueño de Bret Easton Ellis (otro al que preguntarle por fiestas que terminan mal). La madrugada sorprende al cantante paseando por los restos de la noche anterior. Lleva la camisa blanca manchada de carmín, calcetines y calzoncillos, y el detalle de una pajarita desanudada. Tiene un ojo morado. Recuerda al rey don Rodrigo vagando derrotado por el campo de batalla. Los planos del baile y la alegría de unas horas atrás alternan con los que muestran el saldo: cuerpos sobre las camas, en el suelo, contra los muebles, flotando en la piscina donde se ha hundido el sofá que alguien lanzó desde el tejado. En el último minuto del vídeo se introducen planos rápidos de alacranes, gusanos, una serpiente, una calavera. *Et in Arcadia ego*. El segundo clip es el de «Loop de li», una canción de Brian Ferry en solitario; lo dirige la norirlandesa Aoife McArdle. 4 minutos 25 segundos le bastan para mezclar *Funny games* y *American Psycho* (otra vez Ellis). Salas de proyección privada, tríos, celos. Una jeringuilla junto al espejo. Manos ensangrentadas. ¿Qué ha pasado? La historia se mantiene en el misterio mientras Brian Ferry canta «Pero yo sé, y tú sabes, que solo estamos matando el tiempo; / arriba y abajo, en este balancín, como una cantinela idiota». Sea lo que sea lo que ha pasado, la culpa es del aburrimiento. Cuánto se aburren ese par de chicos bien. Tanto como para dar en jugar al golf con las tazas de porcelana de la familia. Tanto como para necesitar algo definitivo que anime la fiesta. Algo como la sangre.

Y es que fiesta y aburrimiento no se excluyen. Nada como un fiesta para comprender el hastío cósmico, como les pasa a los hermosos y desesperados festejantes de *El año pasado en Marienbad*, condenados a asomarse a balaustradas, recorrer galerías, salones, pérgolas, contemplar por enésima vez molduras, estucos y espejos negros, perder una, y otra, y otra vez más al nim. O como le sucede a Marcello, el protagonista de *La dolce vita*, que acude cada noche a una fiesta distinta, o a varias, saltando de los palacios a los pisos en los arrabales, pero en ninguna de ellas encuentra lo que busca, si es que busca algo. (En la última, después del *strip tease*, cuando amanece, todos van saliendo igual que actores que abandonasen un escenario, y se acercan a la orilla del mar, donde unos pescadores que faenan acaban de pescar un monstruo marino —una gran manta raya que no comprende nada, como los demás, porque en las películas de Fellini todo el mundo habla y habla, parlotea, grita y gesticula, pero nadie comprende. Marcello se gira y ve a Paola que le habla a lo lejos, grita y gesticula. Marcello sonríe. Los dos sonríen. Pero no se entienden. La vida sigue y esa noche, probablemente, Marcello irá a otra fiesta, donde tampoco entenderá a nadie. En fin, la vida).

*

EL número de fiestas que se han celebrado a lo largo de la historia es inmenso y, lógicamente, muy variable: depende de a qué llamemos fiesta, y según hemos visto el concepto es tan inequívoco como laso. Sin embargo, aun siendo inmenso, no es un número infinito, porque como todo lo que concierne a los destinos humanos está tasado. Si alguien, con un criterio tan arbitrario como se quiera, pudiese conocer el guarismo fatal que las compendiase todas, tal vez algún oscuro sello se abriría. Ese conocimiento nos está por fortuna vedado, y nuestra selección consta de ocho. Ocho fiestas hermosas, efímeras y melancólicas: el *gratin* de la vida.

Ninguna de las elegidas es una fiesta religiosa ni cíclica. Por el contrario, todas ellas son profanas e irrepetibles. Prescindibles. Frívolas hasta la desesperación, porque la frivolidad constituye un atributo humano: los animales, siempre instalados en el presente, carecen de proyección hacia el futuro, de esa misma proyección que nosotros, al frivolizar, traicionamos temporalmente para huir de nuestra trágica condición. Los festejantes de las siguientes páginas danzan, danzan como los malditos de Sidney Pollack o como los campesinos que en el siglo XIV creían escapar así de la peste (pero nadie escapa de Ella). Hay en esta breve flor de fiestas el deseo irrefrenable de cortar la rosa (aunque a veces sea por puro aburrimiento), de gozar la pascua (aunque a veces sea hasta la náusea, y por qué no, cuántas fiestas terminan con una arcada bajo el sol).

La cifra —ocho— no es peor ni mejor que otra cualquiera, ni siquiera es un número mágico, o no más que otro, y sirve para conjurar toda pretensión de completitud: diez, catorce o mil y una hubiesen sido elecciones igualmente válidas, e igualmente triviales. Ocho están bien. Y en todo caso siempre nos quedarán, como cantó la Velvet Underground con la hermosa voz ronca y desafinada (tal vez porque era, dicen, sorda de un oído) de Nico, todas las fiestas de mañana.

OCHO FIESTAS PARA LA ETERNIDAD

Decaigamos, decaigamos: el banquete de Trimalción

Los romanos sabían del placer de un buen banquete, y si se lo podían permitir, este incluía músicos, bailarines, los manjares más refinados, vinos (que rebajaban con agua) y una buena conversación. En ocasiones, esta no era espontánea, sino que se programaba junto con los demás elementos del banquete (pero esta costumbre no es muy distinta de las «veladas» de algunos departamentos universitarios norteamericanos, donde una charla divulgativa a cargo de un especialista se acompaña de viandas, propiciando el diálogo). Daban cuenta de papafigos y ubres de cerda rellenas, y después se entregaban a la discusión: ¿son mejores los verdes o los azules? Es Marcial, en uno de sus epigramas, quien propone esa controversia como la más sencilla y amena, la que él prefería en su banquete ideal: los dos colores aludían a los equipos de cuadrigas, y sería algo así como las actuales conversaciones sobre fútbol. Un tema popular y ciertamente sencillo —sobre todo si tenemos en cuenta que en una ocasión real el tema de la disertación fue «¿Por qué el aceite se hiela fácilmente, el vino muy difícilmente y el vinagre casi nunca?» (es Aulo Gelio quien nos transmite la noticia de esta pequeña pieza de ciencia para todos). Seguramente estamos hablando de cosas diferentes: banquetes relativamente formales acompañados de una ponencia (una «charla» en su sentido académico) y comidas entre amigos con amenos diálogos más o menos espontáneos.

La mejor y más divertida descripción de un banquete romano la encontramos en «El banquete de Trimalción» o «La cena de Trimalción», un extenso pasaje incluido en *El Satiricón*. Desconocemos el verdadero título de la obra (se le llamó también *Satyrarum liber* o *Libro de los sátiros*), así como su fecha; tampoco sabemos si el texto que poseemos, plagado de lagunas, es el resultado de severas pérdidas en la transmisión textual, o si por el contrario ya la obra original tenía un carácter deliberadamente fragmentario.

Ni siquiera sabemos con certeza quién pudo ser su autor, pero generalmente se acepta que es obra de un tal Petronio, y se identifica a este con un Gaius Petronius Arbiter contemporáneo de Nerón, descrito por Tácito en el libro XVI de los *Anales*. Había cumplido con honores como procónsul y cónsul, pero en su retiro se dedicó al buen vivir. Se le consideraba por ello *elegantiae arbiter*, modelo de elegancia y refinamiento en sus costumbres y «experto en la ciencia de los placeres» (según la traducción de José Luis Moralejo). Qué poco razonable, y qué hermoso, un mundo en el que uno pueda especializarse en los placeres, y estos constituir una ciencia.

Según Tácito, «al igual que a otros su actividad, a él lo había llevado a la fama su indolencia»; el historiador, sin embargo, niega que Petronio fuese un juerguista o un disipador, lo que se corresponde más con un sereno hedonista alejado del desenfreno. Lo imaginamos como un virtuoso de la buena vida, y un verdadero artista de las fiestas. Tras caer en desgracia ante Nerón (cuya corrupción habría denunciado en ciertos opúsculos, según menciona Tácito), se abrió las venas, pero incluso eso lo hizo a su refinada manera, controlando la hemorragia para poder degustar hasta el fin el placer de una buena charla filosófica con sus amigos —suponemos que tras un banquete.

La ficción acude en nuestra ayuda para completar la semblanza del personaje (aunque, recordemos, ni siquiera es seguro que este mismo Petronio escribiese *El Satiricón*). Henrik Sienkiewicz lo convirtió en uno de los personajes —el más memorable— de la novela *Quo vadis?* (1896). Gracias a Petronio, *Quo vadis?* no es solo una novela histórica sobre los primeros cristianos, sino también una «novela de artista» en la que el romano representa, trasladado al siglo I, el ideal del artista fin de siglo. Nadie que haya visto la notable adaptación cinematográfica dirigida en 1951 por Marvin LeRoy, podrá imaginar a Petronio con otro rostro que no sea el del actor británico Leo Genn cuando se dispone a morir junto a su querida Eunice y dicta una última carta a Nerón:

«Puedo perdonarte por haber asesinado a tu esposa y a tu madre, por haber incendiado nuestra amada Roma, por haber esparcido en toda la nación el hedor de tus crímenes, pero hay una cosa que no puedo perdonar: el aburrimiento de haber escuchado tus versos [...] Mutila a tus súbditos si te place, pero con mi último aliento te pido que dejes de mutilar las artes [...] embrutece al pueblo, pero no lo aburras igual que aburriste hasta la muerte a tu amigo, el extinto Cayo Petronio». Después de estas palabras, Petronio muere junto a Eunice y en compañía de un selecto grupo de amigos que saben apreciar la grandeza de esa despedida.

Marcel Schwob, en cambio, lo imagina bajo, moreno y bizco, y asegura que no cumplió la orden de muerte que Nerón le hizo llegar a través de Tigelino: en lugar de cortarse las venas, Petronio habría huido en compañía de su esclavo predilecto, Siro. Junto a él viviría la vida de los pícaros con la que había fantaseado en su libro, durmiendo en cementerios, comiendo el pan de las ofrendas fúnebres, y seguramente encontrando en esa vida vagabunda el mismo gusto que antes le habían proporcionado los placeres más suntuosos.

La extraordinaria adaptación libre que del *Satiricón* hizo Fellini muestra el suicidio de Petronio ante los ojos extrañados de los protagonistas, los golfos Encolpio y Ascilto, interpretados por Martin Potter y Hiram Keller (ninguno de los dos hizo gran cosa aparte de esto, pero su belleza ante la cámara del gran Fellini les hace merecedores de un recuerdo). El film captura de manera mágica el ambiente del banquete de Trimalción, a un tiempo excesivo, grotesco y melancólico. Encolpio y Ascilto asisten al convite del liberto enriquecido, que despliega los más extravagantes lujos para exhibir su fortuna y afianzar así su posición en la clase social a la que ha accedido y que no le corresponde por nacimiento. Si en los banquetes de los ricos había músicos que amenizaban la velada, este liberto venido a más hace que todos sus esclavos cumplan su función —incluso lavar los pies y cortar los padrastros de los invitados— tocando flautas o canturreando. Los frescos que decoran la casa representan escenas de la vida del propio Trimalción. Y varios de los muchos manjares que se sirven están preparados de manera que figuran otra cosa, como los modernos trampantojos culinarios (mascaradas comestibles, ¿signo de decadencia?). Algunos de los platos están rellenos de otros alimentos (como un cerdo aparentemente sin destripar, lleno de salchichas, morcillas y tajadas). Es muy posible que la célebre «serpiente con sorpresa» de *Indiana Jones en el Templo maldito* tenga aquí su lejana inspiración. Las manos se lavan con vino en lugar de hacerlo con agua. Este derroche aparentemente refinado es compatible con la naturalidad de hombre sencillo que anima a sus invitados a no reprimir sus gases en el triclinio, y presume de obrar él mismo según su consejo. La charla de Trimalción, además, está entreverada de gracias y reflexiones filosóficas, literarias y mitológicas tan pretenciosas como erróneas, y, cuando ya está completamente borracho, incluso invita a sus comensales a participar en una especie de ensayo de sus funerales y banquete fúnebre. Fortunata, la esposa del próspero liberto, es experta en bailar el *cordax*, una especie de conga griega especialmente desvergonzada.

Una cosa es segura: Trimalción no tiene jacuzzi solo porque este no se había inventado.

Ha nacido un Planeta: fastos geniales
por el nacimiento de Felipe IV

EL 8 de abril de 1605 nació en Valladolid un niño a quien pocos días después se bautizaría con los nombres de Felipe Domingo Víctor de la Cruz. Era Viernes Santo, y dicen que quienes nacen en ese día son zahoríes. Pero Felipe Domingo no dedicó sus esfuerzos a buscar pozos artesianos, y sí a gobernar un imperio, porque fue su destino convertirse en Felipe IV, llamado el Grande, o el Rey Planeta, el Cuarto Planeta y también —antes que Luis XIV en Francia— el Rey Sol.

El nacimiento del heredero se celebró en la corte durante días, con fastos que involucraron a toda la ciudad y congregaron a nobles, damas, hidalgos, ganapanes y también a poetas y escritores. Dos sobresalen especialmente, de entre las varias narraciones que dieron testimonio de los festejos: la *Relación de lo sucedido en la ciudad de Valladolid, desde el punto del felicísimo nacimiento del príncipe don Felipe Dominico Víctor nuestro señor, hasta que se acabaron las demostraciones de alegría que por él se hicieron*, y la *Fastiginia o Fastos geniales*.

La primera es anónima, aunque la crítica sigue debatiendo si en la intervención pudo haber intervenido un Miguel de Cervantes que, en efecto, por esas fechas, se encontraba en la corte vallisoletana. La segunda, más extensa, se la debemos a Tomé Pinheiro da Veiga, un caballero portugués que recogió sus impresiones sobre el evento en su lengua natal (y fue traducido por el erudito Narciso Alonso-Cortés). El propio Pinheiro da Veiga expone su objetivo con palabras que leídas hoy nos dejan un regusto melancólico: «Mi intención fue que, cuando mis buenos nietos lean estas memorias a la solana, puedan decir: en el tiempo en que nació el príncipe Felipe Dominico, estuvo nuestro abuelo, que come la tierra fría, viendo en la corte tantas fiestas, sin un real en la bolsa [...]». Pero antes de comer la tierra fría, Tomé Pinheiro, verdadero *party animal* del siglo XVII, disfrutó, y no poco, la vida de la corte y sus festejos. Podemos afirmar sin temor a equivocarnos que nadie habrá escrito tantas veces como él la palabra *sarao*, un lusismo corriente en nuestra lengua que también utiliza —con mayor mesura— el anónimo redactor (o redactores) de la otra crónica.

Las dos relaciones son muy distintas: más breve la primera, más extensa y en extremo detallada la segunda; con todo, en ambas se percibe el afán por describir con minuciosidad la apariencia de los adornos, vestimentas e ingenios de la fiesta cortesana barroca. Hoy la fotografía nos libera de la necesidad de describir, pero Pinheiro y el autor o autores de la *Relación* intentan ser los ojos de sus lectores. ¿Cómo si no sabríamos del pinjante con un diamante y una perla que lució la reina doña Margarita durante el juego de cañas y toros del día del Corpus?, ¿o del coqueteo entre doña Catalina de la Cerda y un almirante inglés? La principal diferencia atañe al género de las dos obras (fuertemente codificado el de la relación, mucho más libre en el caso de la escritura libre de Pinheiro), y repercute en la implicación del narrador: el primero no pasa de ser unos ojos que ven y una voz que relata, sin que parezca haber un cuerpo que haya bailado, comido y, en definitiva, gozado de las celebraciones; el segundo parece revivir cada paseo, cada ingenioso cruce de agudezas con las damas de la corte y las vallisoletanas, que sorprendieron por su desenvoltura a los hidalgos portugueses.

Valladolid fue, más que una fiesta, toda una sucesión de ellas. Las procesiones de la Semana Santa se unieron a la celebración por el nacimiento del príncipe heredero, y estas a su bautizo, al Corpus Christi, la elección del nuevo papa León XI, y tras su muerte, veintiséis días después, la de Paulo V (más afín a los intereses hispánicos), la llegada de una embajada de Inglaterra para sancionar la paz pactada el año anterior, el besamanos de los reyes, el día de San Juan y diversas jornadas dedicadas al juego de cañas y toros, procesiones y representaciones teatrales, además de las habituales visitas a los paseos de la ciudad. Y, por supuesto, la salida de la reina a misa de parida (que Cervantes menciona en *La gitanilla*), en la que se presentó al príncipe, y que tuvo lugar en Nuestra Señora de San Llorente (hoy San Lorenzo).

En cada una de estas ocasiones, la ciudad se engalana con tapices, pinturas, colgaduras y, por las noches, luminarias (a veces, veladas por papelones como si fuesen pantallas o faroles, con el escudo de la ciudad); se entoldan espacios para que el excesivo sol no estorbe a los participantes (sean actores, sean espectadores); se lanzan al pueblo llano que contempla el espectáculo de poder monedas salidas de las arcas públicas, y en los banquetes y convites públicos se exhiben aparadores, vajillas, relicarios, aguamaniles de oro y plata mientras los atabales y trompetas proclaman la alegría de la corte. Se construye un salón para el baile en el Palacio Real, frente a la Iglesia de San Pablo, y una galería por la plaza con los paneles descubiertos, para que todos los ciudadanos pudiesen contemplar a los nobles —siempre el sentido de puesta en escena como (de)mostración del poder. Se celebró una máscara (es el término de la época), y por lo que se sabe algunos eligieron disfrazarse de don Quijote y Sancho (lo que no deja de ser sorprendente, si pensamos que la primera parte de *El Quijote* acababa de salir de la imprenta). Se representaron comedias y entremeses y se exhibieron carros con complicado aparataje y figuras alegóricas que fueron encarnadas por miembros de la corte.

Góngora —¿o fue Cervantes? ¿o ninguno de ellos?— compuso un célebre soneto a la ocasión, cuyos versos finales parecen apoyar la hipótesis de que Cervantes tuviese algo que ver en la *Relación de las fiestas*.

Parió la reina, el luterano vino
con seiscientos herejes y herejías;
gastamos un millón en quince días
en darles joyas, hospedaje y vino.
Hicimos un alarde o desatino
y unas fiestas que fueron tropelías
al ánglico legado y sus espías
del que juró la paz sobre Calvino.
Bautizamos al niño Dominico
que nació para serlo en las Españas;
hicimos un sarao de encantamiento;
quedamos pobres, fue Lutero rico;
mandáronse escribir estas hazañas
a Don Quijote, Sancho y su jumento.

La sintética enumeración de acciones rebaja por sí misma su sentido o sus logros —recuerda, en ese sentido, al final de otro célebre soneto, este anterior y de Cervantes, el dedicado «Al túmulo del rey Felipe II de España en Sevilla»: «fuese, y no hubo nada». Un broche que casa a la perfección con la naturaleza de aquella pieza admirable de arquitectura efímera, pero también con la *vanitas* de toda fiesta, y en especial con el relativo fracaso de la política de exhibición espectacular y teatralizada de ese «Valladolid *theatrum mundi*», como lo ha llamado Patricia Marín Cepeda.

No parecía que la fiesta —la sucesión de fiestas— fuese a terminar nunca, pero lo hizo. En 1606 Lerma decidió llevarse la corte de regreso a Madrid. Las luminarias se apagaron en Valladolid, y la fiesta se fue —con la música de las trompetas y atabales— a otra parte.

La fiesta que hizo palidecer al Sol: Luis XIV visita Vaux-le-Vicomte

Es preciso decirlo: Versalles es Versalles porque Vaux fue Vaux.

En un terreno del departamento de Seine-et-Marne, el superintendente de finanzas del Luis XIV, Nicolás Fouquet, hizo construir un palacio y convirtió las tierras agrestes que lo circundaban en un parque de fabulosa armonía. Como podemos imaginar, nada de todo eso fue gratis, pero Fouquet estaba acostumbrado a sumar y restar a lo grande. No ciertamente desde su cuna, ya que su familia no pertenecía en origen a la nobleza: el padre era un comerciante de paños enriquecido que compró un cargo en la magistratura. A Fouquet no se le olvidaba. *Quo non ascendam?* —¿a dónde no subiré?— fue su lema, representado por la ardilla, que, engañosamente modesta en apariencia, trepa hasta las más altas copas de los árboles.

Fouquet trepó, y cómo. La naturaleza se doblegó al capricho del hombre —por obra del maestro jardinero André Le Nôtre. Las aguas del terreno se canalizaron para alimentar las fuentes, la maleza cedió a ordenados parterres y setos, el desorden mutó en simetría. Para el palacio, los arquitectos Louis Le Vau y Daniel Gittard dispusieron columnas, pórticos, corredores, bóvedas, piedra blanca de Creil y mármoles. El pintor Charles Le Brun se encargó de ornamentar el palacio. ¿Era Vaux-le-Vicomte, insignia de Fouquet, una construcción clásica, si por clásico entendemos el respeto a unas proporciones equilibradas? Desde luego que no, pero era grandioso, y así es como lo quería su dueño y señor.

Cuando el palacio estuvo concluido, hubo que amueblarlo. A esas alturas, decidirse por la mesura y la sobriedad no hubiese tenido ningún sentido.

Tapices, sedas, maderas nobles y pan de oro para que el interior no desmereciese del exterior. Las pinturas se le encargaron a Charles Le Brun. Aún faltaba tiempo para que Mies Van der Rohe dijese aquello de «menos es más», y desde luego no lo dijo pensando en Vaux-le-Vicomte. El espíritu fue más bien mucho nunca es demasiado.

Salvo que a veces sí lo es.

Los visitantes ilustres empezaron a visitar Vaux y a hacerse lenguas de sus maravillas sobredimensionadas. El rey no quiso ser menos. En julio hizo llegar una carta al orgulloso propietario de la mansión. Fouquet tembló. ¿De emoción, al saberse ya casi tocando la copa más alta? ¿de temor, pues las obras no estaban por completo concluidas? ¿del íntimo placer de un propietario orgulloso? Cómo saberlo. Sin dilación, apremió a los trabajadores para que todo estuviese en disposición de recibir al Rey Sol.

Y llegó el día.

El 17 de agosto de 1661 Fouquet ofreció una fiesta para la que el adjetivo fastuosa se queda decididamente corto. Qué ingenios de agua y fuego, qué vestimentas, qué artificios no dispendió Fouquet para agradar a Luis XIV, que con la muerte de Mazarino tenía vacante el puesto de valido. *Quo non ascendam?*, debió de repetirse Fouquet.

François Vatel, cocinero y maestro de ceremonias, se encargó de la cena, que se sirvió en una vajilla singular: los platos de la familia real eran de oro macizo, los del resto de comensales, de plata. La velada se amenizó con una comedia-ballet, *Les Fâcheaux*, con texto de Molière y música de Jean-Baptiste Lully.

Nada falló, o todo lo hizo.

«Demasiado para una simple ardilla», debió de pensar el rey, que tenía solamente veintitrés años y una residencia menos apabullante que la de su ambicioso ministro. A cada nueva maravilla su rostro, imaginamos, palidecía. En algún momento de la noche, o quizá en los días siguientes, Colbert, el rival de Fouquet, susurró al oído real lo que este deseaba secretamente oír.

Dicienueve días después de aquella fiesta, el 5 de septiembre, el teniente de mosqueteros D'Artagnan detuvo a Nicolás Fouquet. Pesaba contra él una acusación de malversación de fondos. Fouquet fue condenado inicialmente al destierro en

Limoges, con su esposa (en francés, desterrar es *limoger*). Más tarde la pena del antiguo superintendente se endureció y fue conducido a Pignerol, reo de cadena perpetua. Su sustituto al frente del Ministerio de Finanzas fue Colbert. Fouquet murió en prisión en 1971. *Quis non descendet?*

Quizá esa misma noche el Rey Sol comenzó a soñar Versalles: convertiría ese frío pabellón de caza en un palacio que le hiciese olvidar la afrenta de Vaux-le-Vicomte. Lo haría, *costase lo que costase* (y esto no es solamente un modo de hablar). Contrató para ello al arquitecto Le Vau, al jardinero Le Nôtre y al pintor Le Brun.

En cuanto a Vatel, el cocinero y maestro de ceremonias, encontró acomodo en Chantilly, el palacio del Gran Condé. En la película de Roland Joffé asistimos a los últimos días del artesano, que debieron dejar en él un regusto a *dejá vu*. Luis XIV anunció su visita. Y otra vez su señor exigiéndole la maravilla para epatar al rey, otra vez el despliegue de artificios para obtener las migajas del favor real. Escenografías extraordinarias, trampantojos culinarios sorprendentes, manjares desconocidos con las presentaciones más espectaculares y un solo fin, siempre un solo fin: complacer al sol. Madame de Sevigné cuenta en dos de sus cartas qué fue del gran Vatel. Aún faltaba por servir el banquete de tema marino. Se esperaban carretas cargadas de merluzas, sargos, langostas y cuantas delicias brindan a los hombres las mareas. La primera llegó, casi vacía. Eso era todo. Temporales, malas mareas. Vatel se encierra en su cuarto y disponiendo su espada contra la puerta, se ensarta en ella. Eso fue todo. Poco después, el resto de las carretas llegó: iban, como era de esperar, cargadas de toda clase de pescados. En la película —un espectáculo visual extraordinario— Joffé imagina para Vatel una historia amorosa y un conflicto moral, el de alguien que vive de hacer aún más deleitosa la vida de unos pocos afortunados. Yo prefiero la versión de Madame de Sévigné, ese suicidio precipitado y absurdo, con el exceso, siempre el exceso, como trasfondo. Los estresados chefs estrella de nuestros días tienen en Vatel un precedente ilustre.

Cada año se celebra en Vaux-le-Vicomte el Gran día de los disfraces, una de tantas fiestas recreacionistas, como las fiestas toga, las de los indianos, las medievales. Es un síntoma más de nuestra cultura *remake*. Aficionados y turistas pueden divertirse jugando a ser cortesanos (que viene a ser lo opuesto a jugar a ser pastores, como solían hacer la realeza y la nobleza). Pero a la fiesta anual de nuestros días le falta justo lo que hizo única a aquella de Fouquet: el saldo trágico de sus excesos.

San Petersburgo, 1903:
El Gran Baile del Palacio de Invierno

Uno de los bailes reales más extraordinarios de los que tenemos noticia es el que se celebró en el Palacio de Invierno de San Petersburgo los días 24 y 26 de febrero de 1903 de nuestro calendario gregoriano (equivalentes al 11 y 13 de febrero del calendario juliano, que por entonces regía el cómputo del tiempo en Rusia). Lo convocaron los Romanov, y podemos considerarlo uno de los primeros eventos recreacionistas de la historia, ya que en él los disfraces no se dejaron a la imaginación de cada cual, sino que trataban de reproducir, con amplia documentación histórica, las vestimentas de la corte rusa durante el siglo XVII.

La zarina Alejandra Fiódorovna Románova, llamada Alix de Hesse-Darmstadt antes de convertirse al credo ortodoxo, era nieta de la reina Victoria, y tanto ella como su esposo Nicolás habían asistido al gran baile de disfraces de Devonshire House, celebrado en 1897 para honrar el sexagésimo aniversario de la coronación de la monarca.

Nicolás II había llegado al trono en 1896, y también aquella ocasión fue buena para celebrar unos festejos presididos por él mismo y su esposa, que se extendieron durante dos semanas, y en los que se produjo un aciago accidente, conocido como la tragedia del Campo de Jodynka. Una muchedumbre se concentraba en la explanada para ver el banquete real y acceder a los puestos populares en los que estaba previsto que se repartiese comida al pueblo. Cuando comenzó a cundir la noticia de que las provisiones se estaban agotando, se produjo una avalancha que acabó con la vida de más de un millar de personas, y otros tantos heridos. No fue bastante para suspender los fastos reales: los zares asistieron esa misma noche a un baile en la embajada francesa, tal y como relata Alfonso Cuesta.

Para cuando decidió ofrecer su Gran Baile del Palacio de Invierno, Nicolas II era un monarca poco querido, y no faltaban razones para ello. Desde 1900 era palpable el descontento popular, y las revueltas de estudiantes y obreros se habían sofocado (solo temporalmente, solo parcialmente) con una sangrienta represión. El malestar siguió creciendo, y en 1905 una manifestación pacífica encabezada por el pope Gapón se dirigió hacia las puertas del Palacio de Invierno. Pretendían hacer llegar al zar un pliego de demandas, pero fueron masacrados por la guardia de cosacos en lo que se llamó el «Domingo sangriento». Es célebre la escena de *Doctor Zhivago* libremente inspirada en estos hechos, también representados mucho antes, en 1925, en el film ruso *Devyatoe yanvarya*, de Vyacheslav Viskovsky.

Tal vez por todo esto, en 1903 no parecía una mala idea la de jugar a atrasar los relojes un par de siglos, y eso es exactamente lo que se hizo en el Gran Baile, que pretendía reproducir la corte de Alejo I. Para ello, se contaba con el escenario ideal, el Palacio de Invierno, una edificación suntuosa fruto de sucesivas remodelaciones y ampliaciones. A diferencia de Versalles, había sido concebido como un palacio urbano, entre el Deva y la Plaza, y comunicaba con el Hermitage a través de una galería cubierta.

Nicolás II se disfrazó de su antepasado el zar Alejo I —segundo monarca de la dinastía Romanov, padre de Pedro el Grande— y Zarina Alejandra Fiódorovna, de la primera esposa de aquel, María Miloslavskaya, con una corona diseñada por el joyero Fabergé (el mismo, sí, que surtía a la familia de huevos de pascua ornamentados hasta el delirio). El diseño de los trajes le fue encargado al pintor e ilustrador Sergei Sergeyevich Solomko, célebre por sus postales y estampas de la antigua Rusia.

Los asistentes, comenzando por el zar y la zarina, posaron ataviados con sus lujosísimos trajes recamados de joyas para las cámaras de los mejores fotógrafos del momento a fin de componer un álbum cuyas ventas —la mayor parte entre los propios asistentes— se destinarían a sostener a las tropas rusas desplegadas en Corea y Manchuria contra los avances de Japón. Hoy las imágenes nos devuelven una mirada de desconcierto. «¿Cuál es mi siglo?», parecen preguntar.

Durante la primera jornada, los asistentes disfrutaron de la ópera *Boris Godunov*, de Mussorgsky, y de las suites de ballet *La bayadera* y *El lago de los cisnes*, de Minkus y Tchaikovsky, respectivamente, además de una exhibición de danzas folklóricas. La cena se sirvió en los salones español, francés y flamenco, y se cerró con un baile.

Pero la verdadera fiesta tuvo lugar en la segunda jornada, el 26 de febrero. Fue entonces cuando los asistentes se ataviaron con sus disfraces para entregarse a un baile al son de la orquesta imperial, disfrazada también, en el Salón de Malaquita del palacio y otras estancias aledañas. Giraban y bailaban, giraban y bailaban. ¿Se dieron cuenta de que los espejos apenas acertaban a reflejarlos? Estaban todos muertos, pero aún no lo sabían.

Pasaron catorce años y en estas *llegó el comandante, y mandó parar* —o sea, que llegaron octubre y la Revolución. El Palacio de Invierno fue asaltado, aunque para entonces sus grandes corredores y salones eran más que nada un inmenso hospital, y solamente el Salón Malaquita, con sus columnas verdes, funcionaba como sala de reuniones del Gobierno provisional. Los cosacos del Don, los jóvenes *junkers* y el Batallón de Mujeres no bastaron para defenderlo de la Guardia Roja y el cañonazo del *Aurora*. Los bolcheviques se hicieron con el poder, y aquella noche del 25 de octubre el Deva se tiñó de rojo: no por la sangre, sino por los vinos de la bodega real, vaciados en las aguas del río. O eso cuenta Trotsky en sus memorias.

Quizá en algún momento toda aquella energía salvaje que derribó jarrones y rasgó tapices hizo pensar en otra fiesta de disfraces, la última del Palacio de Invierno. Solo que no.

No hay fiestas como las de Gatsby

Francis Scott Fitzgerald sabía un par de cosas sobre fiestas. Pasó su vida de una en otra, generalmente en compañía —no siempre armónica— de Zelda, su esposa. Ambos pasearon su hastío, su elegancia, su locura y su alcoholismo por los salones más animados de París, la Riviera y Nueva York —también por los hospitales de Baltimore, donde no había jazz, ni muselina, ni champán: Zelda era esquizofrénica, y Scott alcohólico. Hermosos y malditos, fueron celebridades en su tiempo por un estilo de vida despreocupado y ligero que apenas ocultaba la desesperación de la generación perdida, esa que se había hecho adulta en la Gran Guerra, traca final con gas mostaza en la que ardieron los últimos salones de la *belle époque*. Scott y Zelda escribieron libros inspirados en sus vivencias: *Suave es la noche*, él; *Resérvame el vals*, ella. Como cabe esperar, las fiestas desempeñan un papel importante en ambos libros.

Pero sin duda, es *El gran Gatsby* el libro que fija la idea de la fiesta moderna. Scott Fitzgerald barajó titular su libro *Trimalción* o *Trimalción en West Egg* (incluso una primera versión, con el título de *Trimalción*, fue editada en el año 2000). Se afirma que fue el *Ulises* de Joyce —que no leyó pero conocía— lo que le animó a buscar un correlato clásico para su historia. Scott Fitzgerald busca ennoblecer la novela americana con un modelo grecolatino; ya los romanos hacían eso mismo al inventarse genealogías que los emparentasen con Afrodita. En el fondo, es lo mismo que intenta su protagonista al emplear la expresión *old sport* en busca del prestigio de un pasado oxoniense.

El cine ha adaptado la historia del arribista enamorado en dos ocasiones. La primera, bajo la dirección de Jack Clayton, en 1974. Robert Redford compone un Gatsby inolvidable, quizá demasiado. Mi amigo Óscar me hace notar que la elección de Redford como protagonista hace que todo pivote sobre él, y se pierda la clave de la novela, que es la mirada embelesada (y también ambigua) del narrador, Nick Carraway. A pesar de que me encanta la película, creo que tiene razón. La segunda adaptación, dirigida por Baz Luhrmann en 2013, con Leonardo DiCaprio en el papel de Gatsby, es un videoclip desenfrenado que trata de prestar más atención a Carraway (interpretado por Tobey McGuire), y fracasa en el intento. Un anónimo usuario de Filmaffinity, sin embargo, anota: «Es el Gatsby que le hubiese gustado a Jay Gatsby». Solo por eso —y por la preciosa canción de Lana del Rey «Young and Beautiful»— a mí también me gusta.

En las fiestas de Gatsby chicas y chicos bailan al ritmo sincopado del ragtime, el foxtrot y el charlestón, olvidando por una noche —como hacían Scott y Zelda— la siempre insuficiente rentabilidad de sus bonos y fideicomisos. Ellas son chicas-flor: un tallo delgado y flexible que remata en una nuca despejada. Ellos siempre han almorzado o van a almorzar con sus pares de Yale o de Princeton en el club de campo. Marne, Galípoli, Verdún y Somme son solo nombres que nadie quiere recordar.

Como sentencia Jordan Baker, la golfista amiga del narrador, «me encantan las fiestas enormes. Son tan íntimas. En las fiestas pequeñas no hay privacidad alguna». Es comprensible que las fiestas de Gatsby entusiasmen a Jordan: la mayoría de los asistentes ni siquiera han sido invitados, y no han visto jamás al anfitrión, con cuya identidad y pasado especulan. Dicen que mató a un hombre, que es amigo del káiser, que fue espía de los alemanes durante la guerra. Le critican mientras disfrutan de los manjares, bebidas y desordenados bailes, incluso del hidroplano y la playa privada de su mansión, una fantasía copiada de un castillo normando y transportada a la costa de Long Island (probablemente Fitzgerald se inspiró en Beacon Towers, hoy desaparecida).

Con todo, la fiesta más importante del libro es la que tiene lugar en el vestidor de Jay. Allí culmina el tour que el triunfador le ha ofrecido a su amada Daisy por toda su casa, mostrándole uno a uno los trofeos de opulencia que el chico pobre que un día fue ha conquistado. Daisy, sentada en la cama, recibe la lluvia de camisas que Jay le lanza, como un confeti de seda y franela. Pero Jordan tiene razón: solo las fiestas multitudinarias son verdaderamente íntimas. Porque desde un rincón del vestidor, Nick Carraway espía a los amantes, y ve a Daisy saltar maravillada para agarrar las prendas, la ve luego caer envuelta en ellas, la ve reír, reír y, de pronto, estallar en sollozos. Aquel joven (y pobre) militar al que amó y abandonó cinco años atrás en Louisville, Kentucky, es ahora un hombre rico al que le envían la ropa desde Inglaterra al inicio de cada temporada. «Nunca había visto camisas tan bonitas», es todo lo que Daisy logra balbucear para explicar su llanto.

Las fiestas siguen en la mansión de Gatsby. Todas las madrugadas alguno de los convidados sale chorreando de la piscina, que él no ha utilizado en todo el verano, y en la que, irónicamente, terminará flotando, sobre una colchoneta a la deriva, con un disparo que ni siquiera debía ser para él.

Unos días después de su muerte aún llegará un coche despistado hasta la verja de la casa: «Sería, seguramente, un último invitado, que habría estado ausente en los más remotos confines de la tierra e ignoraba que la fiesta había terminado».

Fiesta de los maniquíes (las cincuenta personas más hermosas del mundo en la Silver Factory)

Es difícil elegir una sola entre las fiestas a las que Warhol asistió a lo largo de su vida. Con su tono de voz de ingenuo hastío y su cara impasible (que en algunas fotos recuerda a Buster Keaton), Warhol no se perdía una. Asistió al baile en blanco y negro de Capote y a la fiesta de las cabezas surrealistas que los Rothchild ofrecieron en París en 1972, se convirtió en uno de los penates de Studio 54, y si no asistió al baile de los Romanov en San Petersburgo es porque todavía faltaban unos años para que Julia Warhola lo echase al mundo en Pittsburgh, Pensilvania. «Es trabajo», contestaba a los amigos que le advertían contra tanto exceso. Y cuando un periodista quiso saber cuál había sido exactamente su papel en las películas *Carne para Frankenstein* (1973) y *Sangre para Drácula* (1974), si estaban dirigidas por Paul Morrisey y producidas por Carlo Ponti, su respuesta fue: «¿Yo? Yo voy a las fiestas».

Uno de los warholianos del núcleo duro de los 60, Ondine, asegura que conoció al pintor en una orgía celebrada en la famosa Factory. En algún *impasse* de la refriega Ondine reparó en el extraño pasmarote de pelo plateado que se limitaba a estar allí, y le instó a tomar parte o largarse. «¡Nunca me habían echado de una fiesta!», fue la reacción (por fin) entusiasmada de Warhol. (En realidad ese Warhol inhibido y asexual es un mito que no casa bien con sus polaroids de *paisajes*, fotografías muy detalladas de las partes íntimas de sus modelos).

The Factory —La fábrica— era el estudio de Warhol, situado en el número 231 de la calle 47 en Manhattan, que vino a sustituir el parque de bomberos abandonado de la calle 87, mucho más luminoso. Pero la luz no era tan necesaria para la clase de arte que Warhol y sus acólitos hacían en la Factory, y de todos modos casi siempre llevaban gafas de sol. Funcionó solo tres años, entre

1965 y 1968 —luego el artista trasladó su estudio a un sexto piso en el número 33 de Union Square. El Partido Comunista Norteamericano se encontraba en el mismo bloque (Warhol, el *commonista*, dos pisos por encima del comunismo: eso debe significar algo). Pero ese breve tiempo bastó para convertir el lugar no solo en el centro de producción donde se fabricaban las litografías y serigrafías de Warhol y se rodaban parte de sus películas, sino el lugar de encuentro de toda una corte de músicos, artistas, celebridades y bohemios, y sobre todo, las *superstars* de Warhol: estrellas fugaces más o menos (tirando a *más*) extravagantes. En sus memorias, Mary Woronov recuerda el lugar como un antro plateado pero sucio, donde siempre había alguien posando y alguien grabando —y normalmente, las dos cosas a la vez. «Podías vomitar palabras o la cena, no importaba, todo les parecía arte», afirma Woronow.

La Factory fue la sede de una fiesta ininterrumpida que duró tres años y casi desde el principio estuvo envuelta en papel de aluminio. *Stay gold*, nos pide Robert Frost en un conmovedor poema sobre la fugacidad de la juventud. *Stay silver*, nos dice Warhol entre cubiertas de *albal*: resulta más modesto, parece trivial, se encuentra a un paso de lo doméstico y hasta del cubo de basura, pero es una manera de brillar, y para Warhol era importante el *brillo*. En la Factory entraban y salían las *superstars* —esos personajes vulgares tirando a desesperados, a los que Warhol grababa y rebautizaba con un nombre también plateado (Mary Woronow recuerda haber recibido el nombre de Mighty Mary, y haber sentido que le robaban un poco el alma). Cuando la Velvet Underground y Nico grabaron *All tomorrow's parties* pensaban en toda esa gente que pasaba por la Factory y llegaban al domingo hechos jirones y llorando detrás de alguna puerta.

En enero de 1965, Lester Persky tuvo la idea de montar una fiesta de despedida para Andy, Chuck Wayne, Gerard Malanga y Edie Segdwick antes de que los cuatro partiesen a París para asistir a la inauguración de la exposición «Warhol» en la Galería Ileana Sonnabend. Se llamó, en un alarde de hipérbole y arbitrariedad, «La fiesta de las cincuenta personas más hermosas del mundo». No sabemos si fueron cincuenta. No sabemos si fueron hermosos. No sabemos casi nada acerca de esta fiesta, que ni siquiera recibió atención de la prensa (el objetivo probable de Persky y Warhol). Parece ser que asistieron el cineasta independiente Jonas Mekas, el actor Montgomery Clift, el bailarín Rudolf Nureyev, que acababa de cruzar el telón de acero, Tennessee Williams y Judy Garland (que terminaron discutiendo a gritos). Según Mekas, todos estos personajes rutilantes parecían desplazados, perdidos en el territorio plateado de las *superstars*. No es inverosímil, y hasta podemos suponer que a Warhol no se le escapó. Él, justamente él, una de las personas que a más fiestas haya asistido en la historia de la humanidad, supo expresar cómo una fiesta puede ser el lugar del mundo en el que más solo te encuentres:

[…] hay un momento en la vida en que te invitan a la fiesta de las fiestas —esa a la cual gente de todo el mundo trataría desesperadamente de que le invitaran, esa que genera todos los dramas posibles sobre quién ha sido invitado y quién no—, pero aun así nadie te garantiza que no te sentirás como un completo idiota. No sé si alguna vez se alcanza esa actitud con la cual nada ni nadie puede intimi-

84

dar. Pensé: «¿Se siente el presidente de los Estados Unidos fuera de lugar alguna vez? ¿Y Liz Taylor? ¿Se sentía Picasso? ¿Y la reina de Inglaterra? ¿O siempre se sienten a la altura de cualquiera y cualquier cosa?» (*América*, 92).

(Roberto Juarroz diría algo parecido. «A veces parece / que estamos en el centro de la fiesta. / Sin embargo / en el centro de la fiesta no hay nadie, / en el centro de la fiesta está el vacío. / Pero en el centro del vacío hay otra fiesta.») Podemos estar seguros de cuál fue el centro exacto de aquella fiesta de las cincuenta personas más hermosas del mundo, pero nunca sabremos qué fiesta dentro de la fiesta –qué fiesta dentro del vacío— hubo debajo de aquella de la peluca plateada.

A la altura de 1969 la fiesta warholiana —pasada de vueltas, más *underground* que las alcantarillas de Manhattan, profundamente snob— era ya un tópico. Tanto, que la magnífica *Midnight Cowboy* presenta a sus protagonistas, Joe Buck y Rico Rizzo, asistiendo a una de ellas. Incluso comparecen Viva y Ultraviolet, dos de las *superstars*, en calidad de embajadoras de la Factory. Como unos nuevos Encolpio y Ascilto, Joe y Rico buscan hartarse de salami, indiferentes a la música lisérgica y a la pose general de los asistentes. No sabemos si en medio de ese aquelarre de modernos y desfasados Joe y Rico se sintieron solos, como Liz, como Picasso, como la reina de Inglaterra. Como el mismísimo Andy Warhol. Seguramente no: con el estómago lleno —por una noche— de salami, la soledad importa menos.

Mis cuatrocientos mejores amigos y yo.
El baile blanco y negro de Capote

El escenario elegido fue el Hotel Plaza de Nueva York. La fecha, el 28 de noviembre de 1966. El anfitrión, Truman Capote. Y el festejo se llamó «El baile blanco y negro», porque los invitados debían atenerse a la etiqueta que se especificaba en la invitación: «Caballeros: esmoquin negro y máscara negra. Señoras: vestido largo, blanco o negro. Máscara blanca. Abanico». Debían permanecer enmascarados hasta la cena, que se serviría muy tarde, a medianoche. Únicamente una persona asistió sin cubrirse el rostro: Capote. Pero quizá él fuese el más enmascarado de todos: su máscara era el rostro de triunfador con el que trataba de ocultar el rostro de un chico del sur que ya ni siquiera era tan guapo como a los veintipocos años, cuando posó como un efebo para la cubierta de *Otras voces, otros ámbitos*.

Muchos escritores aseguran escribir para que les quieran, y Capote, un niño del sur a quien sus padres dejaban a veces encerrado en la habitación de algún motel para irse a reñir y reconciliarse sin él, debía de necesitar desesperadamente que le quisieran. La fiesta fue una enorme, refinada, excesiva, extravagante, manera de demostrar y, sobre todo, reclamar cariño. También de herir algunos egos y pisar unos cuantos callos —cubiertos, eso sí, de piel carísima.

La reunión de amigos convocó a más de cuatrocientos invitados (la cifra se exagera a menudo hasta el medio millar). Entre ellos se encontraban Frank Sinatra y Mia Farrow, Marlene Dietrich, Lauren Bacall, Norman Mailer, Tennessee Williams, Henry Fonda, Andy Warhol, Marianne Moore, los Duques de Windsor, la Maharaní de

Jaipur y Lee Radzwill —su hermana, Jackie Kennedy, declinó la invitación. Greta Garbo, incluida habitualmente en la lista de asistentes, en realidad no fue (llevaba retirada del cine y la vida glamurosa más de dos décadas).

Entre los asistentes el anfitrión se aseguró de que hubiese un cierto número de hombres «extra», figurantes que asistirían sin pareja porque su función era precisamente ser compañeros de baile de aquellas damas que no la tuviesen, cuyos maridos no bailasen bien, o que simplemente deseasen cambiar de partenaire.

Capote quería —o necesitaba— impresionar, agasajar, deslumbrar, epatar, a todos aquellos artistas, burgueses y aristócratas; quería —o necesitaba— sentirse aceptado por ellos (si es cierto eso de que escribimos para que nos quieran, bien puede ser que demos fiestas por el mismo motivo). Nunca como en aquel baile en blanco y negro el organizador ha necesitado ser admitido en su propia fiesta.

El menú que a medianoche pudieron disfrutar aquellos triunfadores y distinguidos invitados (los cuatrocientos mejores amigos de Truman Capote) fueron los platos favoritos de un chico del sur: huevos revueltos, salchichas, espaguetis con albóndigas y estofado de pollo. Debió de ser divertido ver cómo los invitados se las arreglaban para comer esos manjares sin mancharse los guantes de raso, las camisas de gemelos.

Hace poco hemos tenido ocasión de ver la conflictiva relación de Capote con las damas de la alta sociedad neoyorquina en *Feud: Capote contra sus cisnes*, bajo la dirección de Gus Van Sant. El capítulo 3, el mejor de la serie, muestra los preparativos del baile: la elección del lugar («Pues lo más lejos de Monroeville, Alabama, que sea posible», o sea el Hotel Plaza), del color de los manteles (rojo, por consejo de Babe Paley), y, por supuesto, la lista de asistentes:

[Truman:] Carson McCullers?
[Slim Keith:] ¡Táchala de la lista! Tiene el encanto de un clavo oxidado de vía férrea.
[Truman:] Descartada, corazón.

Cuando los preparativos ya estaban avanzados, el escritor reveló que el baile estaba dedicado a

Katherine Graham, la editora del *Washington Post*. A sus amigas de la alta nobleza de la Costa Este —los cisnes— no debió de sentarles muy bien. Tampoco suena muy convincente. Con el baile, Capote celebraba a Capote, y particularmente al Capote recién coronado como rey de la novela de no ficción por *A sangre fría*.

Pero el éxito se le subió a la cabeza, como el champán, la ginebra y el agua de los floreros de porcelana fina. El alcohol es un amo tiránico, y después del año 66 Capote no volvió a escribir más que cuentos, el guion adaptado de *El gran Gatsby* (rechazado) y un adelanto de su novela *Plegarias atendidas* (el muy polémico capítulo «La Costa Vasca»). Los críticos tamborilearon con sus dedos sobre la mesa. Todo esto está muy bien, es decir, bien, pero, ¿y la gran novela que esperábamos después de *A sangre fría*? Nunca llegó. El baile en blanco y negro dejó un rastro de serpentinas y confeti, y luego alguien —el tiempo— pasó y lo barrió todo.

El final de la Gomorra moderna: la última fiesta de Studio 54

EL 26 de abril de 1977 abrió sus puertas de cristal blindado la discoteca más famosa del siglo XX, con permiso de Bocaccio y Amnesia (anteriores): Studio 54.

Sus fundadores eran dos jóvenes amigos procedentes de Brooklyn, Ian Schrager y Steve Rubell. Ambos se habían conocido en la Universidad de Siracusa, y contaban con alguna experiencia en el mundo de la hostelería, pero con aquel local del West End superarían todas las expectativas (las suyas, para empezar). Por supuesto, había otras discotecas populares en la ciudad: New York New York, Hurrah o Infinity, pero Studio 54 las superó a todas desde la misma noche de su exitosa inauguración, a pesar de que su enclave, en el West End, era en ese momento una zona peligrosa y sórdida.

La historia de Studio 54 es una fiesta efímera. La discoteca inicial solo se mantuvo abierta treinta y tres meses (y entre medias estuvo cerrada por reformas durante un breve periodo). La razón de tan breve existencia es que el 14 de diciembre de 1978 se llevó a cabo una redada en el local. Los agentes encontraron, además de cocaína, evidencias de fraude fiscal (la contable del negocio era la madre de Rubell), y Schrager y Rubell fueron condenados a más de tres años de cárcel (aunque después lograrían una rebaja en la condena). El logo de Studio 54, obra del diseñador Gilbert Lesser, se inspira en la tipografía *art decó*, lo que, además de hermanar acertadamente los locos años 20 y el hedonismo de los años 70, en cierto modo proporciona a la empresa un aura *gatsby* que a la postre resultaría profético: como el protagonista de Scott Fitzgerald, Studio 54 tuvo un final prematuro, y en el trance sus dos fundadores se sintieron abandonados por buena parte de sus antiguos amigos (la muerte de Rubell, a los 45 años, víctima del sida, acentúa el dramatismo de esta historia de auge y caída).

Al igual que las fiestas barrocas y versallescas, las salas de fiestas disco de los años 70 eran despliegues de teatralidad. Studio 54 no fue una pionera en esto, pero sí fue la que llevó el concepto a otro nivel. La inauguración de Infinity, en 1975, había incluido un pene de neón rosa —una ocurrencia más o menos festiva, más o menos provocadora, y también una nueva epifanía de lo priápico y lo satírico en el corazón de la fiesta.

Desde el comienzo, los fundadores de Studio 54 se mostraron muy conscientes de la dimensión teatral de su proyecto. El propio local de la discoteca era un viejo teatro de ópera situado en la esquina de la Octava Avenida con la Calle 54 Oeste que había servido de estudio para la CBS antes de ser abandonado cuando la productora se trasladó a Los Ángeles. En las obras de acondicionamiento, se mantuvo la teatralidad originaria del local: la pista era un escenario, y en un piso superior había una platea en la que uno podía sentarse y simplemente mirar —incluso, con binoculares. Para el diseño del espacio se contó con Jules Fisher y Paul Marantz, que habían ganado un Tony como iluminadores. Además de un DJ, la discoteca tenía un técnico especialista de luces, tramoyistas y máquinas de humo, nieve, viento, una luna, un sol. Se diseñaron escenografías que recreaban el amanecer, el atardecer, e incluso un tornado. Schrager era particularmente consciente y sensible a este elemento teatral, e ideaba constantemente diferentes decoraciones y puestas en escena.

Sin embargo, Studio 54 no era una sala de espectáculos, sino de fiestas, y gran parte de su acierto fue la ruptura de los límites entre artistas y público. Bastaba con lograr entrar, lo que no era sencillo (decían: es más fácil entrar en la Casa Blanca que en Studio 54, y tal vez lo era).

Muchos famosos asistían a Studio 54, y no todos lo hacían gratis. En el documental *Studio 54* (2018), de Matt Tyrnauer, Myra Scheer afirma algo que nos da una idea de hasta qué punto aquella sala era el lugar en el que cualquiera deseaba poder entrar: Mick y Keith, por supuesto, entraban gratis, pero no necesariamente otros Rolling Stones. Habituales eran Roy Halston, Liza Minelli, Bianca Jagger y Andy Warhol —los cuatro del núcleo duro—, pero también Diana Ross, Calvin Klein, Brooke Shields, Cher, Divine, Elton John, Ringo Starr, Margaret Trudeau, Farrah Fawcett, entre otros.

La más sonada de las fiestas que allí se celebraron fue sin duda el cumpleaños de Bianca Jagger. Su amigo el diseñador Roy Halston la organizó, y creó también el vestido rojo con el que ella apareció en la sala, adornada con globos blancos. La leyenda asegura que lo hizo a lomos de un caballo también blanco, pero hace algunos años Jagger desmintió el rumor en una carta al *Financial Times*, donde aseguraba que solo subió a aquel caballo, cuyas riendas llevaba un bailarín cubierto de pintura corporal que imitaba un traje, para dar una vuelta por la pista.

Además de contribuir al interés de la gente corriente por los famosos, la discoteca encumbró a sus propias celebridades, como la *drag* Potassa o el Hada Madrina sobre patines Rollerena (que había sido antes un abogado nacido en Kentucky, veterano de la guerra de Vietnam). Pero la más icónica fue una abogada septuagenaria y viuda llamada Sally Lippman a quien todos conocían como Disco Sally. La leyenda cuenta que murió en la pista de Studio y que cuando le preguntaron, «¿Apagamos la música?» respondió: «No, sigan bailando». La realidad es que murió en 1982 en una habitación del hospital Mount Sinaí. Es preferible la leyenda.

En Studio 54 había drogas y había sexo. Respecto a las primeras, la cocaína y el popper eran de uso corriente entre los asistentes, y el propio

Rubell era aficionado a las ludes, que repartía entre los amigos. En cuanto al sexo, la oscuridad de la platea permitía audaces esparcimientos, y el sótano —al que pocos elegidos podían acceder— disponía de colchones (una especie de fiesta dentro la fiesta, o sancta sanctorum del templo). Nada de esto es extraño a la naturaleza festiva.

La efímera vida de Studio 54 tuvo lugar en el paréntesis de libertad sexual abierto con la generalización del uso de la píldora y dramáticamente cerrado con el inicio de la epidemia de SIDA: gran parte de los trabajadores y habituales de la discoteca fallecieron a causa del virus, entre ellos su co-fundador, Steve Rubell.

El 5 de febrero Schrager y Rubell ingresaron en el Centro Correccional Metropolitano de Nueva York —o sea, la cárcel—, pero la noche antes dieron una última fiesta, una fiesta de despedida que se tituló «El final de la Gomorra moderna». Así lo sentenciaba la portada de la revista *The New Yorker*: «The Party is Over».

Woodstock había tenido su reverso oscuro en Altamont, y Studio 54 lo tuvo en la Disco Demolition Night o Disco Sucks, una fiesta celebrada el 12 de julio de 1979 en Cominski Park, el estadio de los White Sox de Chicago. La organizaba el DJ Steve Dahl, un locutor de radio entusiasta del rock que aborrecía la música disco (le habían echado de una emisora de radio por este motivo, y desde su nuevo programa en The Loop atacaba el estilo musical en boga). La convocatoria de la Disco Demolition Night se basaba en el siguiente reclamo: quienes entregasen en la entrada un vinilo de música disco para ser quemado en el estadio podrían pagar solo 98 céntimos de dólar por ver un partido doble de los White Sox contra los Detroit Tiger, y la pira destructiva que tendría lugar en el intermedio. La ocurrencia tuvo un éxito mucho mayor del esperado, un montón de jóvenes blancos con ganas de hacer volar con dinamita discos de negros, gays y latinos desbordaron un estadio con capacidad para 47.000 personas, invadiendo el terreno del juego. Hubo llamaradas, heridos y detenciones.

Studio 54 fue vendida y continuó abierta a intervalos en los años siguientes, y artistas y famosos continuaron frecuentándola, pero ya nada sería igual, porque la fiesta disco había terminado.

MEJOR NO DESPEDIRSE

Lo dice Pep Giambardella en *La gran belleza*, mientras todos bailan la conga y suena atronadora «Qué fantástica, fantástica esta fiesta», de Rafaella Carrá: «Nuestros trenecitos son los mejores, porque no llevan a ninguna parte». Hay que saber marcharse y hacerlo justo antes de que la conga descarrile. Y existe un arte de irse de las fiestas, como existen el álgebra o la alquimia: intuir el instante perfecto, esbozar un gesto vago y hacer mutis. Largarse sin decir adiós es preferible a eternizarse en apretones de manos, abrazos, reverencias (se conocen casos de doble hernia discal por despedirse mucho). Salir sin ser sentido, y que de pronto alguien nos eche de menos, antes de que todos nos echen de más. Como en la vida misma. Algo así.

BIBLIOGRAFÍA

Cuesta, Alfonso (2017). «La tragedia de Jodynka», *La misma historia* (blog) (7 nov. 2017. Disponible en: <https://lamismahistoria.es/tragedia-jodynka/>.

Daphnis, Marjorie (2018). «El mito del Studio 54», *Vanidades*, sept. 21st <https://www.vanidades.com/celebs/mito-del-studio-54>.

Davies, Deborah (2006). *Party of the Century. The Fabulous Story of Truman Capote and His Black and White Ball*. Nueva York: Wiley.

Gopnik, Blake (2023). *Warhol. La vida como arte*. Trad. María Serrano Jiménez. Barcelona: Taurus.

Haden-Guest, Anthony (1997). *The Last Party. Studio 54, Disco, And the Culture of the Night*. Nueva York: William Morrow.

Locker, Melissa (2015) «Bianca Jagger Finally Sets the Record Straight About *That* Night At Studio 54», *Vanity Fair*, Apr. 25th <https://www.vanityfair.com/hollywood/2015/04/bianca-jagger-studio-54>.

Miller, Julie (2021). «Drugs, Disco, and a Dead Body: Five Outrageous Studio 54 Stories», May 14th <https://www.vanityfair.com/hollywood/2021/05/halston-studio-54-real-life>.

Pieper, Josef (1974). *Una teoría de la fiesta*. Trad. Juan José Gil Cremades. Madrid: Rialp.

Schultes, Richard Evans; Hoffmann, Albert (1982). *Plantas de los dioses. Orígenes del uso de los alucinógenos*. Trad. Alberto Blanco. México: FCE.

Schultz, Uwe (1994). *La fiesta: de las saturnales a Woodstock*. Trad. José Luis Gil-Aristu. Madrid: Alianza.

Simón, Ana Iris (2020). *Feria*. Madrid: Círculo de tiza.

Trebay, Guy (2016). «50 Years Ago, Truman Capote Hosted the Best Party Ever». The New York Times, nov. 21st <https://www.nytimes.com/2016/11/21/fashion/black-and-white-ball-anniversary-truman-capote.html>.

Warhol, Andy (2013). *América*. Trad. y presentación Estrella de Diego. Madrid: Siruela.

Woronow, Mary (2024). *Swimming underground. Mis años en la Fábrica Warhol*. Trad. Eugenia Vázquez Nacarino. Barcelona: Reservoir Books.

AGRADECIMIENTOS

NUNCA me hubiese planteado escribir este libro si Héctor Escobar no me hubiese animado. Le doy las gracias, y también a Gustavo Martín Garzo, por invitarme a la fiesta.

Para encontrar el desorden lúcido que le diese forma fueron necesarias las conversaciones de café y pasillo que me han regalado, entre otros, Eva Álvarez Ramos, Guillermo González Pascual, María Martínez Deyros, Luis Pascual Cordero, Claudia Pérez Conde, Cristina Ruiz Urbón, Ruben Venzon y Gaetano Vigna. Soy muy afortunada por contar con ellos, y con su paciencia para escuchar mis desvaríos.

Algunos amigos leyeron estas páginas y me ayudaron a corregirlas y pulirlas. Escribir aquí sus nombres me llena de orgullo: Pedro Conde, Patricia Marín Cepeda, Vicente Luis Mora, Almudena del Olmo y Pilar Panero.

Otros me auxiliaron despejando dudas: Rodrigo Guijarro me prestó su oído, Cristina Rosa Cubo y Alfonso Vives sus conocimientos de la Antigüedad clásica.

Gracias, también, a Juan Varo, por el regalo de su amistad y su sabiduría, y por la cita de Cronemberg.

A Óscar Aibar, surtidor de ginebra y purpurina (¿para cuándo tu fiesta de quinceañera?)

A María Rodríguez Municio, siempre la más elegante del baile. Y a Jaime Alonso de Linaje, que sabe que en la longitud exacta de las mangas está el secreto de un buen esmoquin.

A Pilar Celma y Javier Blasco, maestros y anfitriones de esa hermosa fiesta que es su amistad.

A mi padre, que escucha cada proyecto, y a mi madre y mi hermano, que no se ríen demasiado de ellos.

Todos escribimos para alguien. Yo lo hago para Teresa Gómez Trueba, cuyos comentarios al margen, por escrito o de palabra, dan para mí sentido a lo que entiendo por Universidad, y hacen que valga la pena.

COLECCIÓN DE LA BELLEZA

Este libro terminó de imprimirse el 31 de marzo, Día del Comportamiento Humano y de la Torre Eiffel, víspera de los Locos de abril y San Venancio, al cumplirse trece años de la fiesta más importante de mi vida.